GRESER & Lenz

Ist Europa noch zu retten?

Für
den
lieben
Uli!

GRESER & Lenz
Brüssel, 2.12.2013

GRESER & Lenz

Ist Europa noch zu retten?

Die Chronik eines Jahres VII

Texte von Jasper von Altenbockum

Frankfurter Allgemeine Buch

Bibliografische Information der Deutschen Nationalbibliothek
Die Deutsche Nationalbibliothek verzeichnet diese Publikation
in der Deutschen Nationalbibliografie; detaillierte bibliografische
Daten sind im Internet über http://dnb.d-nb.de abrufbar.

Greser & Lenz
Ist Europa noch zu retten?
Die Chronik eines Jahres VII

F.A.Z.-Institut für Management-,
Markt- und Medieninformationen GmbH
Mainzer Landstraße 199
60326 Frankfurt am Main
Geschäftsführung: Volker Sach und Dr. André Hülsbömer

Frankfurt am Main 2012

ISBN 978-3-89981-263-3

Frankfurter Allgemeine Buch

Copyright F.A.Z.-Institut für Management-,
Markt- und Medieninformationen GmbH
60326 Frankfurt am Main

Texte   Jasper von Altenbockum
Gestaltung
Umschlag   Anja Desch
Satz innen   Jan Hofmann
Druck   Messedruck Leipzig GmbH, An der Hebemärchte 6, 04316 Leipzig

Alle Rechte, auch des auszugsweisen Nachdrucks, vorbehalten.

Printed in Germany

Im Zeichen des G

Manche Jahre haben einfach kein Glück. Sie plätschern so dahin, dass man schon an Silvester nicht mehr weiß, was am 12. August geschah. Nehmen wir zum Beispiel das Annum Domini 2003. Damals platzte kurz vor Ostern Tante Trude auf dem Rückweg vom Wochenmarkt der Hinterreifen ihres Fahrrads, das allerdings schon betagt war. Was aber bewegte die Welt in jenen zwölf Monaten sonst noch? Dem Jahr 2011 wird dieses traurige Schicksal nicht beschieden sein. Wir werden es für immer in Erinnerung behalten als das Jahr, das im Zeichen des G stand.

Eigentlich hätte es ja sogar das Jahrzehnt, wenn nicht das Jahrhundert des G werden sollen. Denn der vornehmste Vertreter der Generation G, Karl-Theodor zu Guttenberg, stand im Frühjahr kurz vor der Erhebung in den Stand des Bundeskanzlers. Auf Lebenszeit, versteht sich. Dann aber kam ihm diese dumme Sache mit den Plagiaten dazwischen. Er trat zurück, und Dunkelheit senkte sich auf Deutschland. Der 1. März, der Tag seiner Abdankung, gehört jetzt zu den Daten der Weltgeschichte, die der Deutsche nicht mehr vergisst. Das Jahr 1918, in dem unser bis dahin letzter Monarch ins Exil ging, hat in den Geschichtsbüchern einen ebenbürtigen, wenn auch nicht weniger betrüblichen Konkurrenten bekommen.

Doch als alle dachten, es geht nicht mehr, kam von Griechenland ein Lichtlein her. Es ist einfach ein gutes Gefühl zu wissen, dass man sich in schweren Zeiten auf seine Freunde verlassen kann. Die Griechen nahmen es auf sich, unserer nach Guttenbergs jähem Abgang brachliegenden Solidarität wieder Sinn und Ziel zu geben. Seither schnüren wir ein Hilfspaket nach dem anderen, weil „Europa gerade für uns Deutsche eine Geschichte der Solidarität ist". Wer könnte Worte von solcher Wucht und Klarheit gesagt haben? Richtig, Christine Lieberknecht, die thüringische Ministerpräsidentin. Sie hat überdies erkannt, dass kaum ein Mensch „diese ganzen finanzpolitischen Debatten versteht", das Ganze „eine große Sache der Psychologie" ist und wir „Eindeutigkeit in den Botschaften" brauchen. Bravo, Frau Lieberknecht! Schade nur, dass Ihr Name nicht mit einem G anfängt. Was hätten Sie in diesem Jahr für eine Karriere machen können!

Ihr Beharren auf eindeutigen Botschaften aber musste unweigerlich zu einem Zusammenstoß mit unseren Zeichnern Greser und Lenz führen, die sich ja nie so ganz für das eine oder das andere entscheiden können, wie auch ihr Festhalten an unterschiedlichen Namen zeigt, obwohl doch nur einen davon ein

G ziert. „Unanständig" sei der Witz, der in der F.A.Z. erschien und auf der Titelseite dieses Buches nachgedruckt wird, schimpfte Frau Lieberknecht. Der Verkauf in Erfurt könnte sich also schwierig gestalten. Man dürfe doch nicht die Menschen in Europa „aufeinanderhetzen", empörte sich die CDU-Frau.

Natürlich weiß jeder, der Greser und Lenz kennt, dass ihnen nichts ferner liegt als das. Ihr Traum von Europa ist ein riesiges Wirtshaus, in dem sich die Völker zuprosten: Schwerter zu Schweinsbraten! Auch wenn unsere Zeichner also zu Unrecht beschuldigt wurden: Seit ihnen Frau Lieberknecht die Leviten las, schreiben sie sich von und zu, denn nie zuvor in ihrer an Provokationsversuchen nicht gerade armen Laufbahn war es ihnen gelungen, eine leibhaftige Regierungschefin zu einem solchen Ausbruch zu bringen, schon gar nicht, wenn sie gar nicht Gegenstand des Witzes war; eine „Fersagerin" ist sie natürlich nicht. Angespornt von diesem unerwarteten Erfolg haben die beiden Unterfranken jetzt ihre Ziele ganz nach oben geschraubt. Hier kann, um es dem Staatstrojaner nicht zu leicht zu machen, nur der Code-Name der Operation verraten werden: Mutti. Mehr dazu vielleicht im nächsten Band, so der nicht der proeuropäischen Zensur zum Opfer fällt.

Berthold Kohler
HERAUSGEBER DER FRANKFURTER ALLGEMEINEN ZEITUNG

Irland braucht mehr Geld, die Griechen sind pleite: Ende November 2010 einigen sich die Finanzminister der EU über einen ständigen „Krisenmechanismus", der die Insolvenz überschuldeter Staaten der Eurozone abwenden soll. Vorausgegangen war ein Spaziergang Angela Merkels mit Frankreichs Präsidenten Nicolas Sarkozy am Strand des französischen Seebads Deauville. Das Treffen bringt keine Klarheit, wie es mit der Währungsunion weitergehen soll – eine leise Vorahnung auf das Jahr 2011.

Das Fernsehprogramm für 2020

Eigentlich soll die seit langem geplante Winterreifenpflicht schon im Oktober 2010 gelten, doch sie verzögert sich bis Ende November – dann ist die Vorlage des Verkehrsministeriums für den Bundesrat endlich fertig.

Der Bericht der Bundesregierung zur Rente mit 67 kommt im November 2010 zu dem Schluss, dass immer mehr „Alte" arbeiten. Das ist Voraussetzung dafür, dass an den Plänen festgehalten wird, das Eintrittsalter für die Rente hochzusetzen.

Rente mit 67 bei den Taliban

Mitte November 2010 gibt die britische Polizei bekannt, dass zwei Paketbomben, die in einem Frachtflugzeug entdeckt wurden und im Jemen aufgegeben worden waren, über der Ostküste der Vereinigten Staaten explodieren sollten. In Amerika kommt zur Angst vor dem Terror die Furcht vor einer dauerhaften Wirtschaftskrise hinzu. Das ist einer der Gründe, warum die Opposition im November 2010 die Wahlen zum Kongress gewinnt. Die Republikaner erobern die Mehrheit im Repräsentantenhaus.

Nach der Wahl: Kann Amerika seine Krise alleine bewältigen?

Am 17. November 2010 ist es in Deutschland wieder so weit: Terrorwarnung. Bundesinnenminister de Maizière sagt, es gebe konkrete Anhaltspunkte für einen Anschlag Ende November. Und er sagt, was ein Bundesinnenminister bei solchen Gelegenheiten immer sagt: „Es gibt Grund zur Sorge, aber kein Grund zur Hysterie."

Trotz Terrorwarnungen: Deutschland bleibt gelassen

Am 23. November verkündet Premierminister Cameron, dass Prinz William und seine Verlobte Kate Middleton am Freitag, dem 29. April 2011, in der Westminster-Abtei in London getraut werden.

Am 27. November 2010 stimmt nach dem Bundestag auch der Bundesrat der Verlängerung der Laufzeiten für Atomkraftwerke zu. Mit dem Gesetz wird die Suche nach einem Endlager für radioaktive Abfälle erleichtert. In Schmalkalden wird währenddessen damit begonnen, ein riesiges Erdloch zu füllen, das sich Anfang November in einem Wohngebiet urplötzlich geöffnet hat. Dazu sind ungefähr 2.000 Fuhren Kies nötig.

Die Kanzlerin besucht Schmalkalden

Seit 2004 wurde der „Führerschein mit 17" in den Ländern erprobt. Am 27. November beschließt der Bundesrat, den Führerschein 2011 bundesweit einzuführen. Bedingung ist, dass der Beifahrer ein Erwachsener ist, mindestens 30 Jahre alt sein muss und nicht mehr als drei Punkte in Flensburg hat.

17-jährige dürfen in Begleitung Auto fahren

Am 1. Dezember 2010 verkündet Heiner Geißler nach hektischer Pendeldiplomatie zwischen Gegnern und Befürwortern des Tiefbahnhofs „Stuttgart 21" seinen lang ersehnten „Schlichterspruch". Er lautet:
Aus Stuttgart 21 müsse „Stuttgart 21 plus" werden. Niemand weiß so recht, ob das „plus" bedeutet, dass „Stuttgart 21" tatsächlich gebaut wird. Für die seltenen Juchtenkäfer, die von den Bauarbeiten bedroht sind, könnte es bedeuten, dass sie umgesiedelt werden.

So wird der Ökobahnhof Stuttgart 21 plus

Anfang Dezember 2010 wird die Pisa-Studie für 2009 veröffentlicht. Die deutschen Schulen atmen auf. Ihre Schüler lesen besser als früher.

Die neue Pisa-Studie: Leseleistungen bei Einwanderern verbessert

Die ZDF-Show „Wetten dass..?" endet am 4. Dezember 2010 mit einer Tragödie. Der junge Wettkandidat Samuel Koch, der sich mit Sprungfedern über heranfahrende Autos katapultieren wollte, stürzt und verletzt sich lebensgefährlich. Der Showmaster Thomas Gottschalk bricht die Sendung ab. In den Tagen darauf folgt eine Debatte über Sinn und Unsinn der Sendung. Samuel Koch überlebt, ist aber querschnittsgelähmt.

Das neue Risiko-Wettkonzept des ZDF

Der Besuch von Verteidigungsminister zu Guttenberg bei der deutschen Truppe in Afghanistan im Dezember 2010 findet besondere Aufmerksamkeit. Einmal, weil er sich im Feldlager der Bundeswehr in einer eigens für ihn inszenierten Talkshow zeigt, und zum Zweiten, weil er seine Frau Stephanie mitgenommen hat. Die Bundesregierung beschließt etwa zur gleichen Zeit, dass die bisher nur für heterosexuelle Paare geltende Hinterbliebenenversorgung der Bundeswehr auf homosexuelle Paare in eingetragenen Lebenspartnerschaften ausgedehnt wird.

Die Guttenbergs machen Schule

Das Jahr 2010 endet für die FDP, wie es begonnen hatte: Guido Westerwelle wird zum Rücktritt aufgefordert, manche sagen: vom Amt des Parteivorsitzenden, manche sagen: auch vom Amt des Außenministers. Zu Beginn des Jahres hatte Westerwelle der Partei noch neuen Schwung geben wollen, als er in den Debatten über das deutsche Sozialsystem „spätrömische Dekadenz" entdeckte.

Westerwelle verliert bald alle Ämter und erhält Hartz IV

Nur die Inflation trübt zu Beginn des Jahres 2011 in Deutschland die konjunkturellen Aussichten. Sie liegt bei 2 Prozent, und wegen der steigenden Rohstoffpreise könnte es noch mehr werden. Doch inmitten der Finanz- und Schuldenkrise gilt ansonsten: Die Stimmung ist gut.

Inflation droht: Deutsche flüchten in die Sachwerte

Zehntausende Eier werden im Januar 2011 vernichtet, weil leicht erhöhte Dioxinwerte festgestellt wurden. Der Dioxinskandal betrifft vor allem Niedersachsen, wo immer mehr belastete Hühner und Schweine auftauchen. Später stellt sich heraus, dass Futtermittel mit minderwertigem Fett gepanscht worden war.

Das Vertrauen ist dahin, die deutschen Eierproduzenten stellen um

Vier Jahre nach seinem Inkrafttreten hat das AGG (Antidiskriminierungsgesetz) einen neuen Beruf geschaffen: den sogenannten AGG-Hopper. Er (oder sie) bewirbt sich auf Stellenanzeigen, die sich dem Verdacht der Diskriminierung aussetzen, und klagt dagegen. Hat er (oder sie) damit Erfolg, stehen ihm (oder ihr) zwei Monatsgehälter zu.

Danke, Antidiskriminierungsgesetz!

Verbraucherschutzministerin Aigner stellt im Januar 2011 eine Software vor, die es Internetnutzern erlaubt, ihren ins Netz gestellten Daten ein Verfallsdatum mitzugeben. Sie werden dann automatisch durch den „digitalen Radiergummi" gelöscht. Kritiker halten das für nicht ausreichend. Der Radiergummi könne nur löschen, was nicht transformiert werde. Vorerst kann er ohnehin nur Bilder ausradieren.

Verteidigungsminister zu Guttenberg entbindet im Januar 2011 den Kommandanten des Segelschulschiffs „Gorch Fock" seiner Pflichten, weil nach dem Tod einer Kadettin schwere Vorwürfe gegen die Stammbesatzung laut werden. Sie war bei der Ausbildung aus der Takelage gefallen und zu Tode gestürzt. Die „Gorch Fock" wird daraufhin als „Schinderschiff" und „segelnder Puff" dargestellt. Von den Vorwürfen bleibt nach monatelangen Untersuchungen so gut wie nichts. Doch der Kapitän darf das Kommando nicht wieder übernehmen.

Humor in Uniform

Drei Frauen jonglieren im Februar mit der Frauenquote: Frau von der Leyen, Arbeitsministerin, will Unternehmen gesetzlich verpflichten, in ihren Vorständen eine Quote einzuführen; Frau Schröder, Familienministerin, setzt dagegen in einem „Stufenplan" auf Freiwilligkeit; und Frau Merkel, die Kanzlerin, spricht ein Machtwort: im Sinne Frau Schröders, also gegen Frau von der Leyen – „fürs Erste". Die Herren sind meist ganz dagegen. Aber selbst die CSU hat eine Frauenquote eingeführt.

Aus den Anfängen der Frauenquote

Bundesbankpräsident Axel Weber verkündet am 11. Februar seinen Rücktritt. Er ist unzufrieden mit der Europäischen Zentralbank, die in der Schuldenkrise sogenannte Schrottanleihen aufkauft, um die Kreditwürdigkeit der Krisenländer zu stützen. Weber hätte Nachfolger des Zentralbankchefs Jean-Claude Trichet werden können. Nun wird es im Herbst der Italiener Mario Draghi. Thilo Sarrazin, ehemals unter Weber Mitglied des Vorstands der Bundesbank, feiert unterdessen den Erfolg seines Buches „Deutschland schafft sich ab". Im April hat es sich 1,3 Millionen Mal verkauft und ist das erfolgreichste deutsche Sachbuch des Jahrzehnts.

Nach dem Rückzug von Axel Weber: Kehrt Sarrazin zurück?

Die Protestwelle gegen die Autokratien der arabischen Welt erreicht im Februar 2011 auch Libyen. Revolutionsführer Muammar al Gaddafi glaubt zunächst, den Aufstand mit Waffengewalt niederschlagen zu können. Doch stattdessen weitet sich die Rebellion aus, und es stellt sich bald die Frage: Ergreift der Despot die Flucht?

Kommt Gaddafi nach Deutschland ins Exil?

Im Februar 2011 stellt sich heraus, dass die Dissertation von Bundesverteidigungsminister zu Guttenberg zu großen Teilen aus Plagiaten besteht. Am 21. Februar verzichtet er „vorübergehend" auf seinen Doktortitel. Am Tag darauf beteuert er im Bundestag, er habe „weder bewusst noch vorsätzlich getäuscht". Der Sturm nimmt von Tag zu Tag zu, doch die „fränkische Wettertanne", wie er sich nennt, lehnt einen Rücktritt ab.

In Stuttgart werden im Februar die Bäume umgepflanzt, die wegen des Neubaus des Hauptbahnhofs gefällt werden sollten. Das war Teil des „Schlichterspruchs" Heiner Geißlers in Sachen „Stuttgart 21". Angesichts neuer Demonstrationen stellt sich aber die Frage, was eigentlich geschlichtet wurde. Geißler ist als „Mediator" vor allem in Talkshows weiter sehr gefragt. Doch in Stuttgart ist es ungefähr so wie in Ägypten nach dem Sturz Mubaraks: Niemand weiß so recht, wie es weitergeht.

Was macht eigentlich Heiner Geißler?

Nach einem Urteil des Verfassungsgerichts in Karlsruhe muss die staatliche Unterstützung von Langzeitarbeitslosen neu festgesetzt werden. Daraus wird eine Hartz-IV-Reform. Bundesrat und Bundestag beschließen am 25. Februar einen Kompromiss, der in zähen Verhandlungen zustande kam. Ursula von der Leyen (für den Bund, CDU) und Manuela Schwesig aus Mecklenburg-Vorpommern (für die Länder, SPD) hatten zwei Monate lang miteinander gerungen.

Der Zickenkrieg der Hartz-Verhandlerinnen spielt mit der Not der Menschen

Die Angriffe auf Verteidigungsminister zu Guttenberg in der Plagiats-Affäre nehmen kein Ende. Er muss sich „Lügner" und „Betrüger" und „Hochstapler" nennen lassen. Doch Kanzlerin Merkel steht zu ihm. Sie habe schließlich nicht einen wissenschaftlichen Assistenten oder Doktor, sondern einen Verteidigungsminister ins Kabinett berufen. Doch am 1. März tritt er von allen politischen Ämtern zurück. Aus der CSU heißt es: Er wird wiederkommen.

Der Plagiatsfall von Guttenberg ist geklärt

Seit dem 1. März 2011 sind Wehrpflicht und Zivildienst ausgesetzt, manche sagen auch: abgeschafft. An die Stelle von Wehrpflichtigen treten Freiwillige, die nach einem Grundwehrdienst zu „Freiwillig Längerdienenden" werden können und 23 Monate bleiben. Die Bundeswehr plant mit 15.000 Freiwilligen. Doch diese Zahl erreicht sie im ersten Jahr bei weitem nicht.

Nach dem desaströsen Zuspruch des ersten Freiwilligenjahrgangs: Die Bundeswehr will attraktiver werden

Die Mineralölkonzerne stoppen Anfang März die Einführung des Biokraftstoffs E10. Er enthält Ethanol und soll bis Anfang 2011 einen Anteil von zehn Prozent des verkauften Kraftstoffs erreichen. Doch die Autofahrer tanken lieber Superbenzin, weil sie nicht wissen, ob E10 für ihre Autos schädlich ist. Nicht einmal die Fuhrparks der Bundesbehörden tanken das Biobenzin. Weil Superbenzin durch E10 ersetzt werden soll, haben die Tankstellen ein Problem: Superbenzin wird knapp, die Tanks mit E10 laufen über.

Kriegen die Ölmultis ihr neues E10-Benzin unter die Leute?

Nach einem Erdbeben vor der japanischen Küste am 11. März 2011 verwüstet ein Tsunami die östliche Küstenregion der Hauptinsel Japans. In drei Kernkraftwerken in Fukushima an der Pazifikküste gelingt es nicht, die Reaktorblöcke unter Kontrolle zu bringen. Radioaktivität tritt aus, die Umgebung wird evakuiert. Es ist die größte Atomkatastrophe nach Tschernobyl. Am 14. März gibt Bundeskanzlerin Angela Merkel bekannt, dass die sieben ältesten Kernkraftwerke Deutschlands, unter anderem das in Biblis in Hessen, vorerst stillgelegt werden. Sie bleiben abgeschaltet.

Neu auf dem Kunstmarkt: Manfred Hokusai, „Rheinflut bei Biblis", 2011

Am 17. März errichtet der UN-Sicherheitsrat eine Flugverbotszone über Libyen und Militärschläge zum Schutz der Zivilbevölkerung. Beides dient der Unterstützung der Rebellion gegen Revolutionsführer Gaddafi. Deutschland enthält sich als einziges westliches Land der Stimme. Das stößt bei den Verbündeten (und bei den Rebellen) auf Unverständnis.

Krieg in Libyen: Deutschland macht doch noch mit

Nachdem die Regierung aus CDU, CSU und FDP Ende 2010 noch eine Verlängerung der Laufzeiten der deutschen Kernkraftwerke beschlossen hatte, steuert sie jetzt unter dem Eindruck der Katastrophe in Fukushima auf das Gegenteil zu – den Atomausstieg. Laut Umfragen ist das „Atom" so unpopulär wie noch nie.

Die Welt wird nicht mehr die dieselbe sein

Der Vatikan beschließt im März, dass sich die Weltbischofssynode im Oktober 2012 in Rom damit beschäftigen soll, wie die Menschen wieder zum Glauben finden können.

Der Vatikan reagiert auf die japanische Katastrophe

Fünf Tage nach dem Erdbeben in Japan wendet sich Kaiser Akihito in einer Fernsehansprache an sein Volk und fordert die Japaner dazu auf, sich gegenseitig zu helfen. Die Reaktorkatastrophe in Fukushima bezeichnet er als äußerst besorgniserregend. Eine Woche später besucht er erstmals Notunterkünfte für Opfer des Erdbebens. Deutschland beschließt zwar den Atomausstieg, hat aber noch ganz andere Sorgen. Borussia Dortmund wird Fußballmeister – und nicht Bayern München.

Deutschland im April

Am 3. April kündigt Guido Westerwelle an, auf einem Parteitag im Mai nicht wieder für den Parteivorsitz der FDP zu kandidieren. Er war zehn Jahre lang FDP-Vorsitzender. Sein Nachfolger soll Gesundheitsminister Rösler werden. Westerwelle lässt sich von der FDP-Führung aber versprechen, dass er Außenminister bleiben darf.

FDP klärt die Führungsfrage

Das Bundesamt für Statistik teilt mit, dass 2010 die Ehen, die geschieden wurden, durchschnittlich 14 Jahre und zwei Monate gehalten hatten. 1992 waren es nur elf Jahre und sechs Monate gewesen. Das bedeutet: Es dauert länger, bis sich Ehepaare scheiden lassen. Stark gestiegen ist angeblich die Zahl der Ehemänner, die im Schlaf erstickt werden. Die Polizei sagt, es gebe eine hohe Dunkelziffer – oft werde einfach ein natürlicher Tod festgestellt.

Versicherungsmathematiker in Love

Die Zahl der Verkehrstoten ist 2010 in allen Bundesländern gesunken oder gleichgeblieben. Die erfreuliche Entwicklung führen die Statistiker auf das Winterwetter zurück: Je mehr Schnee und Eis, desto langsamer wird gefahren – nur die Sachschäden sind dann höher als erwartet.

Die FDP ist in einer schweren Krise. Es ist nicht klar, was größer ist: die personellen oder die programmatischen Schwierigkeiten. FDP-Generalsekretär verkündet im April wieder einmal einen Neuanfang. Mit der Gängelung durch CDU und CSU müsse Schluss sein. Noch aber sind die drei Parteien in einer Koalition verbunden. Dass sie zu Beginn ihrer Regierungszeit einseitig die Hoteliers steuerlich entlastet hat, hängt nicht CDU und CSU, sondern der FDP wie ein Klotz am Bein.

Schafft die FDP das Comeback?

Die ehemaligen Befürworter der Atomkraft wirken als Konvertiten oft radikaler als die alten Aussteiger. Umweltminister Röttgen sagt im April, wer nicht mitmache beim Ausstieg, der werde so enden wie die Dinosaurier und aussterben.

Deutschland macht Ernst mit der radikalen Energiewende

Die Lebensversicherung, des Deutschen liebste Altersvorsorge, ist nicht mehr so attraktiv wie früher. In Zeiten andauernder niedriger Zinsen droht die Rendite zu sinken. Doch die Hoffnung stirbt zuletzt; deshalb gilt die alte Regel: Je länger man einzahlt, desto besser.

Die verzweifelten Versuche der Japaner, die Kernschmelze in Fukushima zu stoppen, führen es mit sich, dass kontaminiertes Wasser ins Meer gespült wird. Werden die Fische im Pazifik verseucht? Forscher beruhigen die deutsche Öffentlichkeit. Aus der britischen Wiederaufbereitungsanlage Sellafield seien jahrelang radioaktive Abwässer in die Irische See geflossen – von zeitweise 5.000 Billionen Becquerel ist die Rede. Kabeljau aus der Irischen See ist deshalb mit zehn Becquerel pro Kilogramm belastet – der Grenzwert liegt bei sechshundert Becquerel. Dagegen ist die japanische Katastrophe ein Klacks.

Alle reden vom Energiesparen

Am 29. April heiraten William Mountbatten-Windsor und Catherine Middleton in London. Ob tatsächlich mehr als dreißig Prozent der Weltbevölkerung die Hochzeit am Fernsehen verfolgten, konnte nie nachgewiesen werden.

Die ganze Welt ist begeistert von der Traumhochzeit des Jahres

Nach der Atomkatastrophe in Fukushima stellt sich heraus, dass der Betreiber, die Tokyo Electric Power Company (Tepco), die Wartung der Reaktoren sträflich vernachlässigt hatte. Die Kritik an der Tepco-Führung nimmt im April auch deshalb zu, weil das ganze Ausmaß der Katastrophe noch immer nicht klar ist. Im Mai treten der Präsident und die Vizepräsidenten des Unternehmens zurück.

An den
Tepco Chef
Direkt an den Kopf

Japan

300

Abs.: GRESER & LENZ

In der Nacht zum 2. Mai wird Osama bin Ladin von einer Spezialeinheit der amerikanischen Navy Seals in seinem Versteck in Abbottabad in Pakistan getötet. Der Leichnam wird auf den Flugzeugträger USS Carl Vinson gebracht und im Arabischen Meer bestattet. George W. Bush gratuliert Barack Obama.

Die Verschwörungstheorien um Usama Bin Ladin sprießen

Am 12. Mai wird Winfried Kretschmann zum Ministerpräsidenten in Baden-Württemberg gewählt. Er ist der erste „grüne" Ministerpräsident in Deutschland. Die Grünen waren bei der Landtagswahl am 25. März hinter der CDU zweitstärkste Partei geworden. Mit der SPD reicht es zur Mehrheit. Im „Ländle" bricht eine neue Zeit an. Die Autoindustrie ist beunruhigt. Denn als Kretschmann in seiner Regierungserklärung die wichtigsten Punkte seines „Mobilitätskonzepts" aufzählt, steht an erster Stelle: „Laufen".

Wird Grün-Rot in Baden-Württemberg ein Erfolg?

Dominique Strauss-Kahn, Direktor des Internationalen Währungsfonds und aussichtsreicher Kandidat der Linken für das Amt des französischen Präsidenten, wird am 14. Mai in New York verhaftet. Ihm wird vorgeworfen, am selben Tag morgens in seinem Hotelzimmer ein Zimmermädchen vergewaltigt zu haben.

Wird durch die Affäre Strauss-Kahn Frankreichs Ruf nachhaltig beschädigt?

Am 17. Mai legt Umweltminister Röttgen das Ergebnis der Sicherheitsüberprüfung der deutschen Kernkraftwerke nach „Fukushima" vor: Die Kraftwerke Unterweser, Isar 1 und Neckarwestheim 1 sind nur gegen den Absturz kleiner Flugzeuge geschützt. Alle anderen Meiler können den Absturz eines mittelgroßen Flugzeugs überstehen. Kein Reaktor ist gegen den Absturz eines großen Passagierflugzeugs gesichert. All das war aber schon lange bekannt.

Erste Gewinnler der Atompanik

Im Mai erkranken in Norddeutschland etliche Personen am „hämolytisch-urämischen Syndrom". Nierenversagen ist die Folge. Normalerweise sind Kinder davon betroffen. Doch nun trifft es auch Erwachsene. Es gibt Todesfälle. Ursache ist das Enterohämorrhagische Escherichia coli, ein Darmbakterium, kurz: Ehec. Es ist hoch ansteckend. Die Epidemie breitet sich rasch aus. Weil der Keim auf Gurken festgestellt wird, isst kaum noch jemand das Gemüse. Doch es sind nicht die Gurken ...

Neu im Kino: Jahrhundertfilm oder Schnellschuss?

Griechenland kämpft gegen die Zahlungsunfähigkeit, indem es Staatsvermögen privatisiert und etwas härter als früher die Steuern eintreibt. Weil es mit der Steuererklärung nicht weit her ist, werden neu ersonnene Steuern mit der Stromrechnung eingetrieben. Der eine oder andere reiche Grieche schafft sein Vermögen schleunigst ins Ausland.

Die Griechen müssen sich von ihrem Tafelsilber trennen

Eine von Bundeskanzlerin Angela Merkel eingesetzte „Ethikkommission" über die Energieversorgung Deutschlands empfiehlt am 29. Mai, bis zum Jahr 2021 alle Atomkraftwerke in Deutschland vom Netz zu nehmen. Die Industrie ist skeptisch. Sie fürchtet hohe Strompreise und eine unsichere Versorgung.

Ob das gut geht?

Die niederländische Regierung kündigt Ende Mai an, dass nach der Sommerpause die sogenannten Coffee-Shops nur noch für Einheimische geöffnet sind. In den Läden werden „weiche" Drogen verkauft, zum Beispiel Haschisch.

Die Ehec-Epidemie grassiert. Im Juni steigt die Zahl der Toten auf 30. Um sich vor dem tödlichen Darmkeim zu schützen, empfehlen die Gesundheitsbehörden: Gemüse waschen, Hände waschen.

Ist mangelnde Hygiene schuld an der Verbreitung von EHEC?

Am 12. Juni gewinnt Dirk Nowitzki mit den „Dallas Mavericks" als erster Deutscher die Meisterschaft im Basketball in der amerikanischen Profiliga NBA. In Deutschland stehen mehr als 21.000 Windkraftanlagen, die gut sechs Prozent des Energieverbrauchs decken. In wenigen Jahren soll sich der Anteil vervielfachen, und die Anlagen sollen immer mehr und immer größer werden.

Die Akzeptanz für die Folgen der Energiewende wächst rapide

Erst hieß es, Gurken seien der wahrscheinliche Überträger des tödlichen Ehec-Erregers. Dann sind es die Tomaten. Auch Salat steht im Verdacht. Oder sind es die Sprossen? Dann schaut ganz Deutschland auf einen Biohof in Bienenbüttel: Kommt Ehec hierher? Doch immer wieder wird Entwarnung gegeben und die Karawane des Schreckens zieht weiter. Schließlich stellt sich heraus: Bockshornkleesamen aus Ägypten hat die Krankheit übertragen.

Die EHEC-Jagd geht weiter

Am 21. Juni reichen acht Zeitungsverlage im Landgericht Köln Klage gegen die ARD und den Norddeutschen Rundfunk ein. Sie werfen dem Sender vor, Texte in der Tagesschau-App zu präsentieren, die keinerlei Bezug mehr zu Fernsehsendungen hätten. Damit verstoße die ARD gegen die Grenzen ihres öffentlich-rechtlichen Auftrags.

Was machen die eigentlich mit unseren GEZ-Gebühren?

Am 26. Juni beginnt im Land des Titelverteidigers Deutschland die Endrunde der Fußball-Weltmeisterschaft der Frauen. Viele erhoffen sich davon wieder ein „Sommermärchen" wie bei den Herren im Jahr 2006. Doch die deutsche Mannschaft scheidet schon im Viertelfinale aus.

Deutschland, ein Sommermärchen

Am 30. Juni beschließt der Bundestag das Gesetz zum Atomausstieg. Im Jahr 2022 sollen die letzten Kernkraftwerke in Deutschland abgeschaltet werden.

Die deutsche Regierung legt großen Wert darauf, dass es sich bei der „Schuldenkrise" nicht um eine „Eurokrise" handelt. Denn es gilt das Wort der Kanzlerin: Stirbt der Euro, stirbt Europa.

Die Bundesländer erfinden immer neue Schulformen: die Gemeinschaftsschule, die Mittelschule, die Mittelstufenschule, die Oberschule, die duale Oberschule, die Regelschule, die Sekundarschule, die integrierte Sekundarschule, die regionale Schule, die Regionalschule, die Werkrealschule, die erweiterten Realschule, die „Realschule plus". Dabei handelt es sich meistens um ein- und dasselbe: Haupt- und Realschule unter einem Dach. Vor ihrem Parteitag im November wirbt auch die CDU-Führung auf „Bildungskonferenzen" für eine Zusammenlegung der beiden Schulformen.

Quo vadis, deutsches Bildungssystem?

Im Streit über die Bewältigung der Schuldenkrise der Eurozone gibt es zwei Schulen: die eine bevorzugt einen schnellen Schuldenschnitt Griechenlands, die andere den fortgesetzten Kauf von Zeit, bis sich die Lage beruhigt hat. Im Sommer 2011 verfallen die „Rettungseuropäer" notgedrungen in eine hektische Krisendiplomatie. Je länger sie dauert, desto härter wird die Kritik: Sie diene in Wahrheit den Interessen der Banken, in Deutschland vor allem einer: der Deutschen Bank.

Hunger, Krieg, Krise und dann das: Gibt's noch eine Gerechtigkeit auf der Welt?

Für die vier in Deutschland dominierenden Energiekonzerne ist der Atomausstieg ein Schlag ins Kontor. Vor allem die Rheinisch-Westfälische Elektrizitätswerk AG, kurz auch als RWE bekannt, hat mit der Energiewende zu kämpfen. Ihr Vorstandsvorsitzender Jürgen Großmann setzte mehr als andere auf die Kernkraft und warnt die CDU nun davor, eine „Ökodiktatur" zu errichten. Doch auch Großmanns Zeit läuft ab. Der Aufsichtsrat von RWE entscheidet im Sommer, Großmann abzulösen.

Hat die Atomindustrie Recht: Sind wir auf dem Weg in die Ökodiktatur?

Die Universität Heidelberg entzieht der Europaabgeordneten Silvana Koch-Mehrin am 14. Juni den Doktortitel, weil ihre Dissertation in wichtigen Teilen aus Plagiaten besteht. Vier Tage später wird die FDP-Politikerin in den Forschungsausschuss des Europäischen Parlaments berufen. Das geht vielen zu weit. Frau Koch-Mehrin wechselt in einen anderen Ausschuss, legt aber Widerspruch gegen die Entscheidung der Universität ein.

Kann Silvana Koch-Mehrin ihre politische Karriere retten?

Im Sommerloch 2011 tun die Parteien so, als stünden Bundestagswahlen bevor. Die FDP liegt in Umfragen konstant unter fünf Prozent und muss sich fragen, ob ihr die Koalition mit CDU und CSU noch die Möglichkeit bietet, das zum Besseren zu wenden. Kommentatoren raten ihr, die Seiten zu wechseln. Aber wie? Die SPD bietet auch keine Zukunft – sie liegt in Umfragen unter 30 Prozent.

Treffen sich Not und Elend?

In Aschaffenburg erteilt die Stadt im Juni die Baugenehmigung für eine Moschee mit Minarett. Das überfordert viele Bürger. Bislang beschäftigten sie sich mit ganz anderen Glaubensfragen, zum Beispiel, ob die Traditionsgaststätte „Schlappeseppel" auch Bier ausschenken darf, das nicht in der hauseigenen Brauerei entstanden ist.

Aschaffenburg dreht durch

Nicht nur Europa, auch Amerika steckt in einer Schuldenkrise. Im Kongress wird um Steuererhöhungen und Ausgabenkürzungen gestritten. Im Juli droht die Ratingagentur Standard & Poor's, die Bonitätsnote des Landes herabzusetzen. Das würde die Kredite des Landes um einige Milliarden Dollar verteuern. Ende Juli einigen sich Republikaner und Demokraten auf einen Kompromiss. Doch die Zeichen der Börse stehen weiter auf Sturm und wollen sagen: Das wird nicht reichen.

Amerika ist bald pleite

In der Finanzkrise wurden die Ratingagenturen noch kritisiert, weil sie nicht wachsam genug gewesen seien. In der Schuldenkrise werden sie kritisiert, weil sie zu streng seien. Nach Griechenland droht auch Italien, Spanien und Frankreich die Herabstufung der Bonität. Im August macht Standard & Poor's seine Drohung wahr: Amerika wird die Bestnote aberkannt. Im September und Oktober sinkt die Bonität Italiens und Spaniens.

Ist der Einfluss der Rating-Agenturen zu groß?

In Stuttgart geht es Ende Juli wieder hoch her. Als sich Befürworter und Gegner des neuen Hauptbahnhofs nicht über die Konsequenzen eines „Stresstests" einigen können, brüllt ihnen der Schlichter Heiner Geißler in einer Versammlung im Rathaus entgegen: „Wollt ihr den totalen Krieg!?" Kurze Zeit darauf gedenkt Deutschland am 13. August des Mauerbaus vor fünfzig Jahren und der Beteuerung des damaligen Staats- und Parteichefs in der DDR, Walter Ulbrichts, einen Monat zuvor: „Niemand hat die Absicht, eine Mauer zu errichten!"

Nach dem Fall Geißler: Vorsicht vor historischen Zitaten!

Im August kommt es in zahlreichen Städten Englands zu schweren Krawallen. Sie beginnen am 6. August im Londoner Stadtteil Tottenham, wo ein junger Mann von einem Polizisten erschossen worden war, weil er sich seiner Festnahme wegen Drogenhandels widersetzte. In den Tagen darauf wird in Städten wie Liverpool, Birmingham, Manchester und Bristol geplündert und randaliert.

Was ist eigentlich in Großbritannien los?

Die Krawalle in Großbritannien dauern mehrere Tage. Plünderer werden vor Schnellgerichten noch im August abgeurteilt. Dabei stellt sich heraus, dass es sich nicht nur um „Asoziale" handelt, sondern auch um Leute aus der Mittelschicht.

Drohen uns bald britische Verhältnisse?

Die Aufständischen in Libyen rücken am 21. August in die Hauptstadt Tripolis ein und übernehmen die Kontrolle über das Land. Aber wo ist Revolutionsführer Gaddafi? Angeblich ist er in seine Heimatstadt Sirte geflohen. Es gibt aber auch Gerüchte, er habe sich nach Burkina Faso oder sonst wo hin abgesetzt. Seine Gegner setzen eine Belohnung aus: Wer Gaddafi fängt, bekommt zwei Millionen libysche Dinar, das sind etwa 1,7 Millionen Dollar.

Gaddafi auf der Flucht

Am 22. August stirbt Bernhard-Victor „Vicco" von Bülow, besser bekannt als Loriot.

Weil nach der Aktie nun auch die „mündelsichere" Staatsanleihe keine sichere Anlage mehr ist, flüchten viele mit ihrem Geld ins Gold. Ende August steigt der Preis für die Unze Gold auf astronomische 1913 Dollar.

Der Markt spielt verrückt

Die Affäre Strauss-Kahn nimmt im August eine überraschende Wende. Am 22. August bittet die Staatsanwaltschaft in New York, die Anklage gegen den französischen Politiker wegen versuchter Vergewaltigung fallen zu lassen. Das Zimmermädchen, das Strauss-Kahn sexuell belästigt haben soll, hat sich in Widersprüche verstrickt und gilt als nicht glaubwürdig. Am 3. September kehrt Strauss-Kahn nach Frankreich zurück. Er war wegen der Affäre als Direktor des Internationalen Währungsfonds zurückgetreten und hatte seine Ambitionen auf das Amt des französischen Präsidenten aufgegeben.

Paris in Angst: Kehrt Strauss-Kahn zurück?

Der Aufschwung in Amerika lässt weiter auf sich warten. Die Berater Präsident Obamas geben Anfang September die Hoffnung auf, dass sich die Lage auf dem Arbeitsmarkt noch vor der Präsidentenwahl Ende 2012 verbessern könnte. Die Quote liegt bei 10,7 Prozent.

Amerika muss sparen

Vor der Klausurtagung der FDP-Abgeordneten auf Schloss Bensberg in Nordrhein-Westfalen am 31. August kommt es zum Eklat. Der neue FDP-Vorsitzende Rösler schreibt Guido Westerwelle vor, was er in der Libyen-Politik zu sagen habe. Immerhin ist Westerwelle Außenminister. Noch. Er erwägt, die Vertrauensfrage zu stellen, tut es dann aber doch nicht.

Keiner will ihn mehr, aber wer sagt's ihm?

Am 1. September endet die Ära der 60-Watt-Birne. Der Verkauf von Glühbirnen mit einer Leistung von mehr als 60 Watt ist seither verboten. Sie erfüllt – wie alle anderen Glühbirnen auch – die von der EU festgesetzte Norm für Energieeffienz nicht. Der Fall Gäfgen erfährt eine Fortsetzung: Der Mann, der den Sohn eines Frankfurter Bankiers entführt und ermordet hatte, erhält eine Entschädigung, weil ihm Folter angedroht worden war.

Deutschland empört: Die 60-Watt-Birne wird abgeschafft

Das Verfassungsgericht in Karlsruhe billigt am 7. September die Maßnahmen zur Unterstützung hochverschuldeter und zahlungsunfähiger Staaten der Eurozone. Doch es verlangt eine angemessene Beteiligung des Bundestags. Finanzminister Schäuble warnt davor, dass der Rettungsschirm nicht handlungsfähig sei, wenn die Abgeordneten zu viel mitreden wollten.

Euro-Rettung: Schäuble warnt vor zu viel Mitbestimmung des Bundestags

Der 11. September ist der 10. Jahrestag der Terroranschläge auf das World Trade Center in Manhattan.

Aus der RTL-Doku „Die Überlebenden von 9/11"

Vor der Wahl zum Abgeordnetenhaus in Berlin werden in mehreren aufeinander folgenden Nächten zahlreiche Autos angezündet. Die Polizei ist ratlos. Der Regierende Bürgermeister Wowereit sagt: „Wir stochern ein bisschen im Nebel." Am 15. September wird er wiedergewählt.

Wer steckt hinter den angezündeten Autos in Berlin?

Die Gewinnerin der Wahl zum Abgeordnetenhaus in Berlin am 15. September ist die „Piratenpartei". Sie zieht mit 8,9 Prozent Stimmenanteil zum ersten Mal in das Landesparlament ein. Für was sie im Einzelnen steht, weiß niemand so recht – ihr Hauptanliegen ist ein „freies Netz".

Der Trainer von Schalke 04, Ralf Rangnick, gibt am 22. September bekannt, dass er wegen des Burn-out-Syndroms mit sofortiger Wirkung kündigt.

Was tun gegen die Volkskrankheit Burn-out-Syndrom?

Wolfgang Bosbach stimmt im September und Oktober gegen die Ausweitung des Euro-Rettungsschirms. Er ist ein bekannter und beliebter Abgeordneter der CDU, deshalb fürchtet die Fraktionsführung, dass ihm etliche Abgeordnete folgen und die Koalition eine eigene Mehrheit, die „Kanzlermehrheit", verfehlt. Die Nerven liegen blank. Nach einer Sitzung der NRW-Landesgruppe der Fraktion am 26. September kommt es am Ausgang zum Eklat. Kanzleramtsminister Pofalla beschimpft Bosbach dort mit den Worten: „Ich kann deine Fresse nicht mehr sehen." Und: „Du machst mit deiner Scheiße alle Leute verrückt."

Alles wieder in Butter in der CDU

Vier Millionäre, unter ihnen der Sänger Marius Müller-Westernhagen, mischen sich im September in die Debatte über Steuersenkungen ein. Sie sind bereit, mehr Geld zu zahlen, wenn es der Konsolidierung des Haushalts diene.

Der Vorstoß der verantwortungsbewussten Millionäre macht Schule

Der Bundestag stimmt am 29. September mit großer Mehrheit dafür, dass der Garantierahmen für den Euro-Rettungsfonds EFSF auf 780 Milliarden Euro ausgeweitet wird. EFSF steht für „Europäische Finanz-Stabilsierungs-Fazilität". Dahinter verbirgt sich eine Aktiengesellschaft mit Sitz in Luxemburg. Gesellschafter sind die Staaten der Eurozone. Meistens wird sie einfach Rettungsschirm genannt. Thüringens Ministerpräsidentin, Frau Lieberknecht, beschwert sich am 1. Oktober im Deutschlandfunk über die Karikatur: „Ich finde diese Karikatur in der F.A.Z. mit Verlaub nicht nur unangemessen, sondern sogar unanständig im Blick auf den Populismus, mit dem wir über Wochen in Deutschland zu kämpfen hatten."

Macht Deutschland mit beim Stabilitätsfonds?

Steve Jobs, der Mitbegründer von „Apple", Internet-Guru und Buddhist, stirbt am 5. Oktober in Palo Alto in Kalifornien.

Steve Jobs im Himmel

Gastland der Frankfurter Buchmesse im Oktober 2011 ist Island.

Unschöner Zwischenfall am Rande der Frankfurter Buchmesse

Nur drei Wochen nach der Ausweitung des Euro-Rettungsschirms beschäftigt sich der Bundestag im Oktober mit einer ähnlichen Frage: mit der Ausweitung des Euro-Rettungsschirms.

Juhu, die Bankenrettungsmaßnahmen machen Schule

Im Oktober enthüllen die Frankfurter Allgemeine Sonntagszeitung und der Chaos Computer Club, dass die Trojaner-Software, die von den Landeskriminalämter in die Computer von Kriminellen eingeschleust wird, weit mehr kann, als es das Verfassungsgericht erlaubt.

Wer steckt eigentlich hinter dem Staatstrojaner?

Am 26. Oktober gibt Verteidigungsminister de Maizière bekannt: Es werden 31 Standorte der Bundeswehr geschlossen.

Die gute Nachricht zu den Standortschließungen der Bundeswehr

In der Nacht zum Montag, dem 31. Oktober, erreicht die Zahl der Menschen, die auf der Welt leben, zum ersten Mal sieben Milliarden. Das haben die Vereinten Nationen gezählt. Genau weiß das keiner. Auch nicht, wer der siebenmilliardste Mensch ist. Zuerst hieß es, er werde in Kenia geboren. Dann ist es doch ein Kind der Philippinen. Der Bundesgerichtshof gewährt unterdessen Vätern das Recht, genau zu wissen, ob sie tatsächlich der Vater ihrer Kinder sind.

Der „Staatstrojaner" im Internet und die Bekämpfung der Schuldenkrise in Europa stellen die Abgeordneten des Bundestags im November vor besondere Herausforderungen: Verstehen sie immer, über was sie beschließen müssen?

Eurorettung, Internetzukunft: Viele Abgeordnete sind bei komplexen Themen überfordert

Achim Greser und *Heribert Lenz* lernten sich beim Grafikstudium an der Fachhochschule Würzburg kennen. Erste gemeinsame humorzeichnerische Experimente führten 1986 zur festen Mitarbeit beim Satiremagazin „Titanic". Seit 1996 zeichnen sie regelmäßig für die Frankfurter Allgemeine Zeitung.

Jasper von Altenbockum, Redakteur der Frankfurter Allgemeinen Zeitung, ist verantwortlich für Innenpolitik.

www.fazbuch.de

Band 1

Achim Greser & Heribert Lenz
Deutschland in Sorge
Die Chronik eines Jahres I
2005. 208 Seiten. Hardcover.
17,90 € (D), 31,70 CHF
ISBN 978-3-89981-080-6

Band 2

Achim Greser & Heribert Lenz
Deutschland packt's an
Die Chronik eines Jahres II
2006. 200 Seiten. Hardcover.
17,90 € (D), 31,70 CHF
ISBN 978-3-89981-126-1

Im Buchhandel oder unter www.fazbuch.de erhältlich.

Frankfurter Allgemeine Buch

Band 3

Achim Greser & Heribert Lenz
Wir sind eine Welt
Die Chronik eines Jahres III
2007. 232 Seiten. Hardcover.
17,90 € (D), 31,70 CHF
ISBN 978-3-89981-142-1

Aus dem Inhalt:

Wolfgang Schäuble lässt nicht locker. Er will die Online-Durchsuchung. Die Opposition wirft dem Bundesinnenminister vor, er vermute hinter jeder Ecke einen Islamisten.

Kurz vor dem Parteitag der CSU, der die Nachfolge Edmund Stoibers regelt, lässt der scheidende Ministerpräsident Ende September keine Gelegenheit aus, seinem Land kundzutun, dass er Bayern und die Partei in einem hervorragenden Zustand übergebe.

Im Buchhandel oder unter www.fazbuch.de erhältlich.

Frankfurter Allgemeine Buch

www.fazbuch.de

Band 4

Achim Greser & Heribert Lenz

Finanzkrise? Na und!

Die Chronik eines Jahres IV

2008. 232 Seiten. Hardcover.
17,90 € (D), 31,70 CHF
ISBN 978-3-89981-176-6

Aus dem Inhalt:

Um die Luftverschmutzung während der Olympischen Spiele einzudämmen, hat Peking mehr als eine Million Autos von den Straßen verbannt. Außerdem unterbricht China seinen Rhythmus bei der Inbetriebnahme von Kohlekraftwerken. Im Durchschnitt wird mindestens eines pro Monat eröffnet. Im August 2008 legt die größte Kohlendioxidschleuder der Welt eine Pause ein.

Die Smogspiele von Peking beginnen

Die Autokrise reißt die Klorollenmaschinen-Produktion mit

Nacheinander geben Volkswagen, Opel, Daimler und Ford im Oktober bekannt, dass sie ihre Belegschaften in Zwangsurlaub schicken, weil keine Aufträge mehr eingehen. Das Jahr 2009, sagen Konjunkturforscher voraus, werde nicht nur für die Autoindustrie ein Krisenjahr werden.

Im Buchhandel oder unter www.fazbuch.de erhältlich.

Frankfurter Allgemeine Buch

www.fazbuch.de

Band 5

Achim Greser & Heribert Lenz
Neues aus der Wirtschaft
Die Chronik eines Jahres V
2009. 184 Seiten. Hardcover.
17,90 € (D), 31,70 CHF
ISBN 978-3-89981-217-6

Aus dem Inhalt:

Am 20. Januar 2009 wird Barack Obama als neuer amerikanischer Präsident vereidigt. Er tritt für eine atomwaffenfreie Welt ein.

Immer noch suchen die Parteien im Wahlkampf zur Bundestagswahl ein Thema. Vergeblich.

Im Buchhandel oder unter www.fazbuch.de erhältlich.

Frankfurter Allgemeine Buch